LE PALAIS-ROYAL

PAR

FEU MIRABEAU.

—

P. 1811.

V 2654.
Ed. 48d.

Ⓒ

LE PALAIS-ROYAL,

ou

COUP-D'ŒIL SUR LE TEMS PRÉSENT,

PAR FEU MIRABEAU.

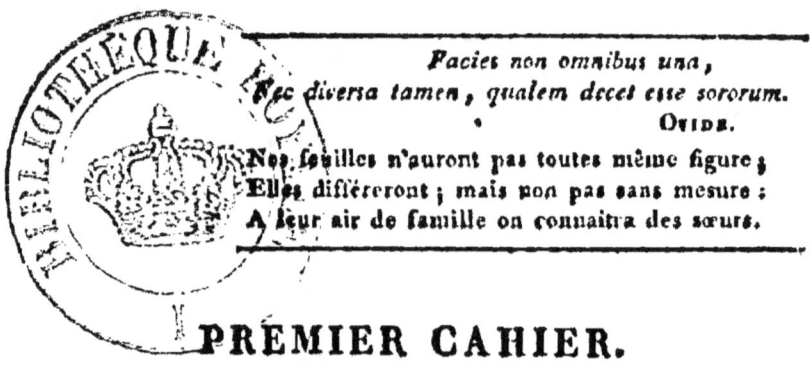

Facies non omnibus una,
Nec diversa tamen, qualem decet esse sororum.
OVIDE.

Nos feuilles n'auront pas toutes même figure ;
Elles différeront ; mais non pas sans mesure :
A leur air de famille on connaîtra des sœurs.

PREMIER CAHIER.

Visite de Mirabeau au Salon de Peinture de 1810.

A PARIS,

Chez { JANET et COTELLE, Libraires, rue Neuve-des-Petits-Champs, Nº. 17.
DABEN, au Palais-Royal.

1811.

MIRABEAU AU PUBLIC.

~~~~~~

JE suis mort, mon cher Public, comme vous savez : cependant je vis, puisque je communique avec vous par ma plume ; mais je n'ai qu'un corps d'emprunt. Mon propriétaire (j'appelle ainsi celui du corps que j'occupe) veut bien, de tems en tems, me permettre de faire les honneurs de sa forme humaine ; quand je dis qu'il veut bien, j'ai tort ; car le pauvre homme ne se doute pas que je m'insinue dans son individu. Je profite des momens où son esprit est absent, et, comme on dit, bat la campagne. Alors, je viens me récréer chez lui, jusqu'à ce que son retour m'oblige de lui céder la place. Je vous expliquerai cela plus en détail, dans les feuilles suivantes. J'établis ma résidence au Palais-Royal ; j'y ai mon conseil composé de quelques gobes-mouches, et c'est de là que je date mes feuilles. Je me proposais de vous donner, dans celles-ci, pour début, l'histoire et la description de ce lieu si fréquenté, mais je réserve cela pour le cahier suivant.

Ce qu'il y a de plus frappant dans ce moment, c'est le Salon, ou l'exposition

des peintures , sculptures , gravures , au
Louvre. Souffrez que je fasse ma première
visite dans ce rendez-vous enchanteur des
beaux-arts , et que je vous rende compte
de ce que j'y aurai remarqué. M'y voilà.
Je commence par des vers : tout le monde
en fait chez vous, permettez à un mort
d'en faire aussi.

AVIS.

Ce n'est point ici un ouvrage périodique ;
il n'y aura ni souscription, ni abonnement,
ni aucune époque fixée pour publier les nu-
méros. C'est un ouvrage qu'on donnera par
petits cahiers de deux feuilles chacun ,
quand on aura de la matière prête, et
quand on aura la commodité de la publier.
On y peindra sur-tout le tems présent, à
l'époque où chaque numéro paraîtra, avec
toute la circonspection qu'un mort doit avoir
en faveur d'un homme vivant, dont il em-
prunte l'individu, et qu'il ne voudrait pas
compromettre.

Commençons donc par des vers. La petite
pièce qui suit est comme l'abrégé de tout le
numéro, qui en est en quelque façon le com-
mentaire et le développement. Les deux
premiers vers sont tirés d'un traité de la
miniature. Au commencement de ce petit
livre on dit, pour faire un compliment à
l'auteur :

C'est un vrai docteur en peinture ;
C'est un grand homme en miniature.

LE PALAIS-ROYAL,

ou

COUP-D'OEIL SUR LE TEMS PRESENT.

~~~~~~~~~~~~~~~~~~~~~~~~~~~~~~~~~~~

*Feu Mirabeau au salon de Peinture
de 1810.*

J'ai vu des héros en peinture,
De grands hommes en miniature ;
Des souverains et des beautés,
Et jusqu'à des rois de théâtre,
En toile, en papier, marbre et plâtre,
Dessinés, peints, gravés, sculptés.
J'ai vu de grands tableaux d'histoire
Et des petits de chevalet ;
Des nains crottés, à poil follet,
Se faisant un mince auditoire,
A leur caquet donnaient l'essor,
Et jugeaient en dernier ressort.
Dans le jargon de la peinture
Ces nains sont nommés des croûtons ;
Ainsi qu'on dit des feuilletons
En style de littérature.
Enfin j'ai vu des fruits, des fleurs,
Et les plus brillans paysages ,
Réunissant tous les suffrages

Des maîtres et des amateurs;
C'est un spectacle magnifique;
Plus enchanteur qu'un opéra,
C'est une lanterne magique,
C'est un vivant Panorama.
Paris seul, au comble de gloire
Où nous élève la victoire,
Offre un spectacle si pompeux;
Que les arts donnent à la France;
Et dont nos guerriers valeureux
Ont fourni la matière immense,
Par des triomphes si nombreux :
Car enfin, bataille et victoire,
Ce n'est plus qu'un dans notre histoire :
Sous nos rois, hélas! c'étaient deux.

Mais, dit un ignare à voiture,
De ces héros bien copiés,
Et si bien peints d'après nature;
Les uns sont de la tête aux pieds;
Les autres jusqu'à la ceinture;
D'autres en buste seulement,
Têtes sans corps.... Oui, mais vraiment
Parmi nos vivans un peu bêtes,
Combien on voit de corps sans têtes!

Dans ce rendez-vous des talens
Je vois sur-tout un vrai mérite,
C'est que l'entrée en est gratuite;

On y voit les petits, les grands ;
Les simples et les élégants ;
Mais, par une ordonnance sage ,
Les rangs sont un peu séparés :
Six jours au peuple sont livrés ,
Contre un seul pour le haut parage,
Maniant enfin les pinceaux
Sous le triste ciel de son ile ,
L'Anglais , peuple trop mercantile ,
Fait payer pour voir ses tableaux :
Tant il aime avant tout l'utile !

Enfin l'on voit de toutes parts ,
Dans ce temple heureux des beaux-arts ;
Notre César dans une gloire ,
Auprès de sa jeune moitié ,
Des doux rayons de la victoire
Frappant son peuple extasié :
L'un est Mars , l'autre Cythérée ,
Annonçant aux yeux de leur cour
Une Grâce, un petit Amour
Qui vont paraître au premier jour ;
Issus de leur couche sacrée.
Le sexe mâle aura son tour ,
Si l'autre d'abord se présente.
Si c'est une Grâce innocente
Qui nous offre son teint vermeil ,
Ce sera l'aurore naissante
Qui vient annoncer le soleil.

Hâtons-nous, préparons les fêtes;
Français, soyez toujours vainqueurs;
Et peignez toujours vos conquêtes,
Et des lauriers chers à vos cœurs
Qu'aucuns ne manquent à vos têtes !
Que le ciel comble tous vos vœux,
Peuple si gai, mais si volage,
Soyez heureux, mais soyez sage;
C'est plus encor que d'être heureux.

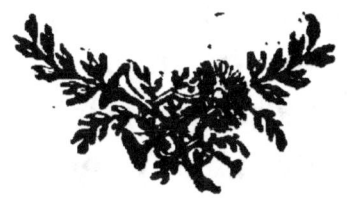

VISITE DE MIRABEAU

AU SALON DE PEINTURE.

Venimus ad summum fortunœ pingimus... Hor;
Au comble heureux de la fortune,
Français, nous voilà parvenus :
Nous peignons....

LE salon de peinture, ouvert le 5 novembre dernier, appelant le public au Louvre, je suis parti du Palais - Royal pour m'y rendre avec la foule, sous l'enveloppe de mon propriétaire, qui n'a heureusement rien de bien imposant, ni de bien remarquable. Je vais essayer de donner une idée abrégée de ce spectacle, pour ceux qui n'auront pas la faculté de le voir. C'est une description, et non pas une critique. Dès l'entrée, à gauche, au rez-de-chaussée, on voit d'abord les sculptures, après avoir traversé la pièce où sont celles qui viennent de Prusse. On trouve au fond une salle,

1 *

dont les murailles sont déjà revêtues de marbres précieux. Là, sont exposées les productions de nos modernes Phydias. Il y a d'abord plusieurs statues en pied de nos plus considérables personnages, présidés par celle de notre monarque à cheval. On voit ensuite plusieurs autres morceaux, les uns en marbre, les autres en plâtre, qui représentent de beaux sujets, tels qu'une jolie petite fille qui veut attraper un papillon, une Psyché avec l'Amour, et autres figures très-gracieuses. Nous avons encore de fort bons sculpteurs, qui soutiennent bien le rang éminent que leurs devanciers français ont occupé dans cette partie, où nous avons peut-être été supérieurs, même aux Italiens, par nos Girardon, nos Pujet, etc. Partout, quand on voulait élever un monument en sculpture, on appelait un Français; cependant le sculpteur, dans le tems présent, qui me paraît faire le plus de bruit, est l'italien Canova, qui, en effet, a beaucoup de talent; mais, grâces à nos conquêtes, il est actuellement français.

Après avoir donné un coup-d'œil rapide aux statues, j'ai gagné, avec la foule, un nouvel escalier somptueux, orné à son comble de colonnes d'un très-beau marbre, mais dont la voûte, non finie encore, semble attendre les ornemens de sculpture dont on doit peut-être la décorer par la suite.

Au haut de l'escalier, je suis entré dans une espèce de rotonde, où j'ai payé mon premier coup-d'œil et mon premier hommage au portrait du héros du siècle, très-bien peint à cheval. Plusieurs autres portraits des grands de l'Empire, magnifiquement costumés, semblent lui faire leur cour, en se disputant les regards et les suffrages des amateurs. Cette salle ronde paraît principalement consacrée à ce genre de peinture.

On passe de là dans la galerie d'Apollon, qui est d'une longueur considérable, et remplie de tableaux des deux côtés. Les miniatures sont en bas dans les embrasures des fenêtres. Une longue table règne dans la longueur de cette pièce, sur laquelle sont placés des bustes présidés par ceux du couple impérial et royal, et divers autres ouvrages.

On entre, de là, dans le salon proprement dit, qui contenait autrefois seul toute l'exposition, et qui n'en forme pas à présent le quart.

En face, on trouve la longue galerie du Muséum, dont la première division est entièrement pleine des nouvelles peintures : la seconde l'est aussi en grande partie. Dans la suite de cette longue enfilade, on voit les anciennes peintures, qui n'écrasent point les nouvelles, et leur souffrent la concurrence et la comparaison. Il y a, dans cette longue pièce, des glaces artistement placées, qui, offrant comme des percés et de nouveaux points de vues, multiplient le local.

Enfin, rentrant dans le salon, et sortant du côté où était ci-devant le grand escalier, on trouve encore une salle considérable pleine de portraits et autres peintures. On s'échappe enfin par un petit escalier, reste dérobé de l'ancien, qui était plus vaste. Ainsi l'on entre par un bout et l'on sort par l'autre.

C'est sur-tout dans le grand salon et dans la longue galerie, qu'on voit les grands tableaux d'histoire, presque tous représentant les victoires de notre César et de nos généraux, comme aussi de nos armées. A la place d'honneur du salon, l'on aperçoit d'abord le grand tableau du chef de l'école française, représentant la distribution des drapeaux et des aigles impériales aux troupes, et leur prestation de serment à l'Empereur. L'auteur de ce morceau pouvait être nommé ci-devant le roi David : dorénavant il voudra bien se contenter d'être appelé *primus inter pares*, (le premier entre ses pairs). C'est ce que fait sentir le tableau de M. Gérard, qui est en face, et qui représente le résultat de la bataille d'Austerlitz. On a cru ce morceau digne de se soutenir vis-à-vis de l'ouvrage du maître ; mais M. David n'a point à se plaindre ; c'est lui qui a formé ceux qui luttent à présent contre lui. Il participe à leur gloire. Ils ont été d'abord ses élèves, ils sont devenus ses rivaux. D'ailleurs son sujet avait le défaut d'être peu favorable : cela exige

qu'une infinité de membres soient à peu
près uniformes et dans la même direction. C'est une capilotade de bras tendus,
dont il est difficile de reconnaitre les pro-
priétaires. On voit un grand groupe pen-
ché, comme la tour de Pise, formant
une espèce de Briarée aux cents bras. On
voit dans ce morceau de la prétention au
coloris brillant, avec un peu de fracas.
Le tableau du sacre, ce me semble, faisait un effet plus agréable ; mais il était
seul, et rien ne nuisait à son effet.

Ce nouveau tableau, par la direction
uniforme de tous ces bras tendus, m'en
rappelle un autre, dont j'ai entendu parler, qui avait le même inconvénient. Il
représentait un Christ étendu sur la croix.
Une foule d'ecclésiastiques se pressait au-
tour de cet objet vénérable. Ceux de la
classe supérieure étaient les plus voisins,
la foule de ce qu'on appelle la prétraille et
la monacaille, était plus éloignée. Des
plaies du Dieu mourant, il pleuvait des
tiares, des mîtres, des crosses, et
beaucoup d'or. Ces trésors tombaient sur
les plus voisins, qui s'en saisissaient; ceux

qui étaient derrière, ne recevaient presque rien, malgré les efforts de leurs bras
tendus. Il leur sortait de la bouche un
écriteau, sur lequel on lisait : *Crucifixus
etiam pro nobis* (il a été crucifié aussi
pour nous).

Au reste, M. David a été très-heureux
et très-favorisé, dans les premières mar-
ques qu'il a données autrefois de son talent.

Un drôle de corps me disait l'autre
jour, il y a, à la tête de toutes les carrières,
des personnages supérieurs, qui veulent
faire de grands hommes, ce me semble,
sans presque que la nature s'en mêle. Ils
choisissent un homme qui a un talent
honnête, mais pas frappant, et peu ca-
pable de donner de l'ombrage ; sur-tout
il ne faut point de ces génies transcendans
qui éclatent tout-à-coup, et qui semblent
ne devoir toute leur gloire qu'à eux seuls.
On favorise les hommes doués modéré-
ment des dons de la nature, et à peu près
sans génie. Ils ont assez de talent pour
faire honneur à leurs protecteurs , pas
assez pour qu'on ne puisse les renverser,
s'ils oubliaient ce qu'on fait pour eux. On

traite ces gens moyens avec complai-
sance ; on en fait de grands hommes, et
ils sont toujours les humbles courtisans
des faiseurs. M. David semble avoir été
ainsi protégé, et ses protecteurs ne pouvaient trouver un sujet qui fît plus d'honneur à leur choix.

On a paru dernièrement vouloir faire
encore un grand homme de cette espèce.
On a vu, dans M. Guérin, un talent
fort honnête, un caractère doux et sage,
point de ce feu, point de ces élans du
génie. Soudain l'on a résolu d'en faire
aussi un grand homme. On l'a vanté à
tout rompre dès ses premiers essais : toutes
les trompettes de la renommée ont sonné
en sa faveur ; tout le public s'est extasié
devant son tableau tranquille d'Hypolite
et de Thésée, qui avait certainement
beaucoup de mérite. Sa gloire cependant
a paru donner quelqu'ombrage, et il a
semblé moins favorisé pendant quelques
années ; mais il remonte aujourd'hui dans
la faveur. Son tableau de Pyrrhus, fruit
de son esprit calme, et celui de l'Aurore
et Céphale, non moins calme, lui con-

cilient tous les suffrages : il fera pareillement honneur au choix de ses protecteurs. M. Guérin ne doit pas trouver mauvais que je juge son talent doux et calme.
Raphaël était calme aussi ; cela fait que
l'œil se repose amoureusement sur ses
tableaux : c'est le caractère de la sé-
rénité.

Je ne m'attacherai pas à décrire tous
les tableaux, et à discuter leur mérite. Il
y a des critiques-artistes plus éclairés que
moi, qui se chargent de cette tâche. Je
ne cherche que les résultats , et je tâche
de les saisir. D'abord j'avoue qu'au premier coup-d'œil la totalité de ce salon si
riche, m'a fait moins de plaisir que je ne
m'y attendais. Il est trop riche peut-être :
c'est comme un repas trop abondant qui
vous rassasie dès la première vue. La
mesure semble trop comblée.

Omne supervacuum pleno de pectore manat.
Le superflu déborde et fuit d'un cœur trop plein.

De sorte que le public peut dire cette année :

Inopem me copia fecit.
C'est l'abondance ici qui nous rend indigens.

Tant de morceaux pleins de mérite se
nuisent les uns aux autres : voilà pourquoi
beaucoup de gens croient que, si le salon
présent l'emporte sur les précédens par la
quantité, il leur est inférieur par la qua-
lité. Cette prévention peut n'être pas juste.
J'ai remarqué plusieurs morceaux qui,
ci-devant, auraient attiré la foule, et qui
paraissent ne pas frapper, à cause de la
trop grande multitude des objets qui se
disputent les regards du public. Cette
multitude rassasie et nuit à l'effet ; mais
il faut remarquer que l'Empire français
s'est bien étendu, et qu'il a beaucoup plus
de sujets que l'ancien royaume : ces sujets
multipliés font donc plus d'ouvrage, et le
héros, qui a reculé si loin nos frontières,
donne plus de matière que nos anciens
rois aux tableaux d'histoire, et en com-
mande un plus grand nombre. On voit,
sur le livret, plus de huit cents articles
seulement de peinture, et l'on dit qu'il y
a encore cinq cents tableaux qui n'ont pu
trouver place dans l'exposition. S'ils ont
assez de mérite pour être exposés, on
nous en gratifiera peut-être par la suite.

Parmi les spectateurs, je remarquai
deux paysans, dont l'un paraissait faire
le docteur, et l'autre n'être que son au-
diteur bénévole. Le premier parla intré-
pidement de deux fameux peintres italiens
dont l'un était, selon lui, Michel Ange,
bon à rôtir (pour Buonarota), et l'autre
Raphaël sans yeux (pour Sanzio). Il faut
pardonner à un docteur campagnard d'es-
tropier un peu les noms. Celui-ci apprit
à son camarade qu'en style de peinture,
une croûte veut dire un mauvais tableau,
et qu'un croûton est un faiseur de croûtes,
ce qui me fit faire ce mauvais calembourg :
« Ici les envieux ne trouveront pas à mor-
» dre, car il n'y a pas de croûtes. » Le
docteur, en approuvant les tableaux, d'un
signe de tête, disait : c'est la nature. Le
compagnon, se croyant bien fin, répon-
dait, en souriant niaisement : Moi, je
vois bien que ce n'est que de la peinture.
En remarquant des portraits peints seulement jusqu'à la ceinture, il demandait
pourquoi on les avait coupés en deux, et
ce qu'on avait fait du reste du corps. Ceux
qui n'étaient qu'en buste l'étonnaient : il

ne savait comment ils pouvaient paraître
vivans dans cet état ; mais sur-tout les
bustes en sculptures, qui se terminaient
en un pied rond, sur lequel ils étaient
plantés, le faisaient rire. « Comment
ceux-là peuvent-ils marcher, disait-il ?
Je m'avisai de lui répondre : Ils sautent ;
et cela lui parut comique. Il trouvait aussi
que les personnages des tableaux attachés
au haut du salon, et penchés sur le public, devaient tomber sur la tête des
spectateurs. On sent que je ne suivis pas
long-tems ce couple burlesque.

Je ne spécifierai pas tous les tableaux
que je vis et que j'admirai. Les grands il-
lustrent, outre MM. David et Gérard,
MM. Giraudet, Ménier, Garnier, Gros,
Guérin, Prudhon, etc. Parmi les petits,
j'en ai distingué un représentant l'Empereur assis, dans la campagne, auprès
d'un feu bien peint, éclairant ses environs
à travers la fumée. L'effet en est pitto-
resque. J'ai vu un paysage troublé par un
orage : le ciel imite assez bien celui du
déluge du Poussin. Il y a beaucoup de
beaux paysages, beaucoup de beaux ta-

bleaux représentant des fruits et des fleurs. On voit aussi de ces petits morceaux qui ont déjà illustré le nom de M. Richard. M. Monsiau, qui s'était fait tant d'honneur aux Salons précédens, par son tableau de Molière chez Ninon, et par sa mort de Raphaël, veut faire à présent de grands tableaux ; mais il faudrait les pouvoir observer de près : ils sont perdus dans les hauteurs. D'ailleurs, je ne sais si Philoctète, avec la dégoûtante plaie de son pied, doit faire un sujet bien intéressant. Il ne faut pas oublier M. Lejeune, qui se fait toujours honneur.

Il y a plusieurs tableaux qui représentent Sa Majesté l'Empereur avec son auguste épouse. Dans l'un de ces morceaux, j'ai vu la jeune Impératrice peignant le héros son époux. En voyant ce tableau et les autres représentant les deux Majestés liées par un mariage si prospère, je me suis rappelé ce distique latin si connu :

A L'AUTRICHE.

Bella gerant alii, tu fœlix Austria nube;
Nam quæ Mars aliis, dat tibi regna Venus;

D'autres règnent par les combats :
C'est par l'hymen que tu rayonnes ;

Vénus t'accorde les couronnes
Que Mars donne aux autres Etats.

Un poète a paru dernièrement imiter
cette pensée, dans ce sixain latin :

Sceptra tenet florens heroum Galliæ factis ;
Gloria summa quidem, dulcius at decus est.
Austria formosis habet aurea sceptra puellis,
Illi Mars dux est, huic Venus alma favet.
Sic canit in senio, tumuli que in margine vates,
Cui soli nondum Cæsaris urna fluit.

> La France à ses héros guerriers
> Doit ses couronnes immortelles :
> L'Autriche, aux charmes de ses belles,
> Doit sceptres, myrtes et lauriers.
> L'une a le dieu Mars qui l'inspire,
> L'autre à Vénus doit son empire.

Ainsi chante un rimeur vieillissant, désolé,
Pour qui seul des faveurs l'urne n'a point coulé.

Je laisse le lecteur juger si cette manière de solliciter des faveurs est conve-
nable ou non. Il est sûr que cet auteur,
qui a beaucoup écrit, et fait des ouvrages
majeurs, a contre lui un concours de
circonstances fâcheuses qui le privent
non-seulement des bienfaits, mais même

de ce qui peut lui être dû. La vieillesse
n'est pas l'âge du bonheur. Au reste, il
n'a point publié cette bagatelle; c'est moi
qui la tire de son porte-feuille.

Pour finir de parler de tout ce qui orne
la présente exposition, il faudrait faire
mention des estampes, des dessins, parmi
lesquels ceux de M. Isabey sont toujours
les plus étonnans. Il y a aussi les dessins
faits pour être gravés et décorer les livres.
M. Moreau le jeune est extraordinaire
dans ce genre, où nous avons eu de très-
habiles compositeurs, entr'autres Cochin,
qui me paraît encore surpassé par celui
dont je parle, et dont on voit entr'autres
deux dessins dignes de ses autres ouvages.

N'oublions pas deux morceaux peints
sur verre, enchassés dans les fenêtres
comme des vitres, et qui font un effet
très-pittoresque. Voilà ce genre de peinture qu'on regrettait, parfaitement rétabli.

La saison est aussi très-défavorable à
cette brillante exposition. Je n'ai parlé
que d'un très-petit nombre des objets
qu'on y voit. Je laisse le soin d'en spéci-
fier le détail aux journaux qui en rendent

compte : je vais plutôt hasarder de donner une idée de l'état où se trouve actuellement la peinture dans l'Empire français.

Cependant je dois remarquer encore que j'ai vu , dans plusieurs tableaux , des processions qui annoncent que le règne de la religion se rétablit. On voit aussi un pape prosterné aux pieds de l'Empereur Charlemagne. Ces choses-là font sentir l'esprit qui règne dans le tems présent.

Cet état des arts me paraît très-brillant : il faut en convenir, il n'a pas toujours été si satisfaisant. Jadis, quand feu M. Natoire était directeur , à Rome , de l'académie de France , il se reposait un peu, sur sa sœur, de cette direction. Cette dame était dévote ; cela est très-louable ; mais ce n'est pas précisément ce qu'il faut pour conduire une école de peinture. Cette honnête personne ne se sentant pas les facultés nécessaires pour le rôle dont elle se chargeait , s'en remettait à son confesseur , et celui-ci ne voyait rien de mieux pour faire de bons peintres , que de les soumettre à communier régulièrement. En conséquence , on exigeait des élèves qu'ils

produisissent leurs billets de communion.
Ces jeunes gens, jurant que les pratiques
de dévotion devaient être libres, se ré-
voltaient contre la gêne qu'on leur impo-
sait. Ils soutenaient une petite guerre
contre la direction, et leurs études en
souffraient.

Enfin M. Natoire eut la bonté de s'é-
clipser du monde. Alors on envoya, pour
le remplacer à Rome M. Vien, peintre
très-habile et très-sage, qui, ne se mêlant
plus de la conscience des élèves, mais
uniquement de leurs études, leur en fit
faire de très-bonnes, ce qui produisit
plusieurs peintres nouveaux très-excel-
lens, parmi lesquels M. David tient un
des premiers rangs : ce qui a parfaitement
ressuscité l'école française.

Elle est donc aujourd'hui sur un pied
très-respectable. Le présent salon le prouve
aussi bien que plusieurs des précédens;
mais, si nos artistes du jour ont beaucoup
de mérite, ils paraissent le sentir si for-
tement, qu'il ne leur reste plus de sensi-
bilité pour rendre justice aux talens de
leurs devanciers. Il semble, à les entendre,

que la France n'a pas eu d'artistes avant
enx, et que l'école française ne date que
de l'époque où nous sommes. Ils veulent
bien reconnaître le Poussin pour un maître
respectable ; mais ils le regardent en quelque façon comme italien, et leur indulgence ne s'étend que très-peu sur les
autres maîtres. Le Brun, avec toute la
richesse de sa composition, est fort chi-
cané par nos jeunes gens, et aucun d'eux
ne se doute que les batailles d'Aléxandre
puissent se soutenir vis-à-vis de celles
des peintres de nos jours. Le Sueur, qui
a dessiné si bien et peint si sagement, est
presque mis de côté. On ne parle pas
de Jouvenet, encore moins de Restout son
neveu, qui s'est montré cependant fort
avantageusement. Vous n'entendez jamais
parler des trois Coypels, quoique la co-
lère d'Achille, l'accusation de Suzanne,
etc., fruits de leurs talens, soient de
beaux morceaux, et que la galerie du
Palais-Royal, malgré les critiques san-
glantes qu'on en fit jadis, soit pleine de
détails très-supérieurs ; mais le plus mal-
traité de ces peintres, si estimés de leur

tems, est l'infortuné Lemoine. Il fit entr'autres, ce plafond célèbre du salon
d'Hercule de Versailles : c'était l'apothéose
du vieux cardinal Hercule de Fleury.
On le regarda, le siècle dernier, peut-être
comme le chef-d'œuvre de la peinture.
L'auteur eut le malheur que le cardinal ne
sut pas apprécier, comme le public, un si
bel ouvrage : il ordonna qu'on le payât à la
toise. Lemoine, furieux, s'emporta contre
Son Eminence, et tint des propos que
son ressentiment lui dictait; ensuite son
imagination exaltée et ulcérée lui per-
suada que le vieux ministre, piqué de ses
propos, voulait le faire enterrer dans ce
qu'on appelle un cul de basse fosse. Il
aimait mieux mourir que de se voir ense-
velir tout vif. Il résolut de ne se pas man-
quer si l'on venait pour l'arrêter. Un di-
manche, qu'il faisait beau, Lebas, gra-
veur, et quelques autres de ses amis,
cherchant à le distraire de ses idées noires,
vinrent le chercher pour le mener à la
campagne. Ils frappèrent à sa porte, sans
doute avec la vivacité des Français. Lemoine crut que c'étaient des gens qui ve-

naient pour l'arrêter et l'enlever : il se
passa son épée au travers du corps, et
alla tout en sang leur ouvrir. Quelle vue
pour ses amis ! quel regret de sa part et de
la leur !

Ce peintre infortuné a le malheur d'être
encore poursuivi, après sa mort, par
l'envie : c'est lui principalement que nos
peintres du jour prennent pour l'objet de
leurs critiques sévères. Autrefois la tombe
assurait aux morts un parfait repos : on
viole aujourd'hui la cendre des hommes
célèbres. C'est un exemple qu'a donné un
certain feuilleton, qui ne cesse de mordre
le maigre postérieur de feu le grand Vol-
taire. Il ne faut pas disputer des goûts.

Pour continuer l'histoire de la peinture,
je dois parler de M. Vanloo, sur le compte
duquel on répétait souvent, de son tems,
cet éloge : « On a dit ci-devant M. Coypel
premier peintre du roi, on dit à présent
M. Vanloo premier peintre du monde. »
Nos vieillards se rappellent ce beau tableau
de lui, qui parut en 1757, représentant
le sacrifice d'Iphigénie. Ce morceau était
fait pour le roi de Prusse. Il en parut,

quelques années après, un autre de Doyen,
pour le même roi, représentant Diomède
qui blessait Vénus dans un combat. Le
même peintre en avait fait précédemment
un autre encore, honoré de plus de succès, pour la cour de Parme : c'était la
mort de Virginie. Je comptais que, parmi
les tableaux qui nous viennent des pays
conquis, ces beaux morceaux nous re-
viendraient. On m'assurait que je l'espé-
rais vainement, et en effet ils n'ont pas
reparu. J'ose croire qu'ils se seraient très-
bien soutenus devant nos chefs-d'œuvres
modernes, et même qu'ils auraient pu
causer de l'ombrage.

Il est vrai que M. Le Boucher, en voulant trop enluminer notre peinture, avait
causé, chez nous, à ce bel art, une espèce
d'éclipse. Ce maître était né avec une
sorte de génie. Il avait d'abord peint d'un
très-bon style ; mais en voulant trop
farder son coloris, et trop sacrifier aux
grâces, il donna dans un goût colifichet :
il fit de petites saintes vierges qui avaient
l'air de demoiselles du Palais-Royal. Il
peignit tout couleur de roses, et, par sa

sorcellerie , il eut toujours beaucoup de
succès ; mais il nuisit aux progrès du beau.
Cependant l'éclipse ne fut que passagère,
et toujours il y eut, même de son tems,
une suite de bons peintres, tels que Vien,
Doyen, Deshayes , Vincent , Regnault ou
Renaud , etc. , etc. , etc.

Enfin nous voilà parvenus à la résurrection totale de ce bel art chez nous.
M. David, je le répète, figure très-bien
à la tête de l'école française : son talent
peut souffrir la discussion , sans qu'on
craigne de lui faire tort par un peu de critique. Il dessine très-supérieurement ; il
a une grande exécution. Son coloris n'est
pas brillant naturellement ; mais il s'y
trouve quelquefois une vérité frappante.
C'est ce que j'ai cru reconnaître dans
quelques petites places de ses ouvrages ;
car jamais un tableau entier ne peut avoir
cette vérité totale qui frappe , et qui fait
crier : c'est la nature même. Il n'y a que
quelques coups de pinceaux donnés dans
un moment d'inspiration , qui décèlent la
touche du grand maître , et dont le mérite
se répand sur tout l'ouvrage. On croit

voir, en général, un coloris assez vrai
dans les tableaux de tous les peintres ;
mais, quand on aperçoit à l'improviste
ces coups de pinceaux inspirés dont je
parle, on sait bien les distinguer de toute
la peinture des autres maîtres.

J'ai vu jadis à Bologne, en Italie, un
exemple frappant de ce que j'avance ici.
C'était à la galerie de Zampieri. L'on
voyait d'abord une foule de tableaux des
plus grands maîtres. On les admirait tous
pour leur juste mérite. Quand on croyait
avoir tout vu, et qu'on était prêt à sortir
satisfait, croyant qu'il n'y avait plus rien
à voir, on apercevait, au fond d'une salle,
un tableau caché par un rideau : on tirait
ce rideau, et l'on voyait ce chef-d'œuvre
du Guide ; il représentait saint Paul qui
reprend saint Pierre. A cette vue, tous
les autres morceaux n'étaient plus que de
la peinture : celui-là seul était la nature.

Il en est de même dans la déclamation :
les acteurs ordinaires vous paraissent re-
présenter à peu près la nature, quand
vous n'avez pas vu mieux ; mais quand
vous voyez enfin un grand acteur, il a des

momens qui vous frappent, et où vous reconnaissez, avec admiration, le vrai ton de la nature qu'il a su saisir, et dont les autres sont à cent lieues. Ce ne sont que des momens passagers, ce ne sont que des éclairs; mais ils éclairent tout le reste.

Dans tout ce que nous venons de détailler sur le mérite de M. David, il y a bien de quoi suppléer le génie, si le génie lui manque, et s'il peut être suppléé. Je n'ose hasarder aucune critique sur tous ces ouvrages des arts, parce que je ne suis pas artiste, et que ceux qui le sont se plaignent beaucoup du tort que leur font, disent-ils, ces critiques. Je ne vois pas que leurs plaintes soient très-fondées. Ces petites diatribes sont lues par une centaine de personnes, et les tableaux sont vus par plusieurs centaines de mille : la critique passe, on en fait des papillottes, et le morceau critiqué reste.

Les gens de lettres cependant doivent se prescrire des bornes, et se renfermer dans ce qui est relatif à la littérature. *Ne sutor ultrà crepidam,* (que le cordonnier ne passe pas la semelle) : que l'écrivain qui n'est que cela, ne parle que de ce qui peut être à sa portée. Par exemple, en épluchant un peu M. David, dont la réputation est faite et au-dessus de toute atteinte, un faiseur de pamphlets n'a pu lui faire tort en remarquant que, dans son tableau des Horaces, il avait fait prêter serment, de la main gauche, à deux des jeunes frères : c'était une inconvenance que les Romains superstitieux ne se seraient jamais permise. Un homme de lettres pouvait dire aussi que, dans son tableau de Junius Brutus, il met dans l'ombre ce consul, qui est son principal personnage, et qui est sur le devant, ce qui le fait paraître comme barbouillé de suie, tandis qu'il laisse percer un rayon de lumière qui lui éclaire les pieds, et les rend blancs et délicats comme ceux d'une jeune fille, avec une figure si maroquine. Les pieds de son modèle étaient sans doute blancs, parce que cette partie est toujours couverte chez nous; mais il devait réfléchir que, chez les Romains, sur-tout de ce tems-là, elle était toujours nue, exposée aux outrages de la boue, et ne devait pas être si blanche.

Un homme de lettres pourrait critiquer aussi son tableau des Sabines, où son Tatius à l'air de jouer simplement contre Romulus, qui devrait gémir d'être obligé de combattre contre son beau-père, et paraît galant et gai comme un jeune français. L'un montre son devant, l'autre une partie opposée, encore barbouillée d'ombre, quoique sur le devant. Les Romains sont censés défendre leur ville, et les Sabins l'attaquer ; cependant ce sont ces derniers qu'on voit du côté de Rome, et les premiers qui semblent venir pour l'assiéger. On peut encore faire un petit reproche à son dernier tableau. Quand on prête serment à un Souverain, on se tourne de son côté. Tous ceux qui ont des bâtons de commandement lui tournent le dos. La figure principale est celle de ce Souverain ; elle doit appeler tous les yeux. Point du tout : c'est un simple sapeur, placé dans un coin, qui attire tous les regards. On peut faire de semblables remarques à M. David : sa réputation est au-dessus de pareilles atteintes.

Je peserai peut-être de même, par la suite, le mérite des autres peintres célèbres de notre tems : je retourne aux anciens. J'ai dit que Nicolas Poussin était épargné par nos modernes, et regardé par eux, en quelque façon, comme un italien. Il passa en effet presque toute sa vie en Italie, dans un état peu opulent; puisqu'un cardinal, qu'il éclairait un jour, faute de domestiques pour remplir cette tâche, lui dit : « Je vous plains beaucoup, M. Poussin, de n'avoir pas un valet pour vous servir. — Et moi, monseigneur, lui répondit le peintre philosophe, je vous plains encore plus d'en avoir tant. » Et par parenthèse, M. Monsiau avait exposé dans un salon précédent un joli tableau sur cette anecdote. J'en vais raconter une autre, que je crois peu connue.

Le Poussin copiait à Rome, dans une chapelle, un tableau du Dominicain. Un bon vieillard venait tous les jours le voir travailler fort assidûment, et paraissait s'intéresser à cet ouvrage. Quand la copie fut presque finie, l'homme antique demanda au peintre ce qu'il avait pour ce tableau. « Ah ! répondit le Poussin, je travaille pour un morceau de pain. Je fais cela pour cinquante misérables écus romains (de cinq francs pièce). — Cinquante écus ! reprit le vieillard ; c'est le Pérou : le Dominicain n'en a eu que la moitié pour faire l'original. — Cela ne se peut pas. — Cela se peut si bien, que je puis vous l'attester, car enfin le Dominicain, c'est moi.

On veut donc bien faire grace à N. Poussin ; mais on est sévère à l'égard de tous les autres peintres. Jouvenet, avec toute sa fougue, qui ressemble bien à du génie, n'obtient pas la moindre indulgence : il est presque oublié. Je me rappelais, l'autre jour, son beau tableau de la résurrection du Lazare, et, par parenthèse, je ne sais pas ce qu'il est devenu ; pourquoi l'a-t-on séparé de ses trois compagnons, qui sont au Muséum, et quoiqu'il soit le plus beau des quatre ? Je l'aperçus il y a neuf mois, en tapisserie, à la voûte de la chapelle éphémère où LL. MM. reçurent la bénédiction nuptiale ; mais je ne vis point ce beau groupe du coin, où le ressuscité est tiré du tombeau,

éclairé par des flambeaux, dont la lumière est en opposition avec celle du jour
qui éclaire le reste du tableau. J'aperce-
vais des hommes épouvantés et stupéfaits
qui, dans l'ouvrage, regardaient cette
scène, mais l'objet qu'ils regardaient ne
paraissait point. Je vis que la pièce étant
trop grande pour le local, on l'avait ployée,
et par conséquent mis en dehors le groupe
des flambeaux, qui se trouvait derrière.
C'était sans doute la faute du tapissier, qui
n'avait pas eu l'attention de faire plutôt
son pli à l'autre extrémité de la pièce, et
de sacrifier de préférence une autre partie moins essentielle de ce beau morceau.
Il serait trop mal sonnant d'attribuer cette
faute à la jalousie des artistes présens. On
ne parle pas plus de Philippe de Cham-
pagne que de Jouvenet, du Bourdon, etc.

En voilà sans doute assez pour une première visite du Salon. En sortant de ce
lycée, fort content de tout ce que j'y avais
vu, je rencontrai un auteur fort connu,
qu'on appelle depuis quelque tems Reicrem,
et dont on ne parle plus guères depuis
plusieurs mois. Son teint n'était pas enlu-

miné, comme on l'avait représenté au
salon précédent, ce qui semblait annoncer
qu'il ne venait pas de sacrifier à Bacchus
plutôt qu'à Phébus. Je l'ai toujours aimé,
parce qu'il est doux et bon humain ; que
d'ailleurs son *An deux mille,* son *Tableau
de Paris,* et même ses drames , m'ont
toujours fait un vrai plaisir, comme au
public.

« Comment, lui dis-je, vous voilà au
Salon ! venez-vous y méditer une critique
des tableaux ? — Moi, une critique , me
répondit-il ! comment voulez-vous que je
médite un pareil ouvrage ? Je n'entends
rien à la peinture, pas plus qu'à l'astro-
nomie. Les peintres me sauteraient sur le
corps. Ils m'ont déjà donné la figure d'un
âne : ils me donneraient celle d'un Fréron
ressuscité. — Pourquoi aussi vous êtes-
vous avisé d'écrire sur ce que vous
n'entendiez pas ? — Parce que cela doit
paraître plus singulier que si j'écrivais sur
ce que j'entends. Quel mérite y a-t-il à
traiter des matières qui nous sont fami-
lières ? Il est bien plus piquant d'écrire
des choses plaisantes sur les objets qui

nous sont inconnus. Tout ce que fait un aveugle frappe bien plus que l'œuvre de quelqu'un qui jouit de la vue. — Fort bien, mon ami; faites donc une critique des tableaux. Parlez peinture, comme un aveugle des couleurs, comme vous avez parlé de Descartes et de Newton. On vous lira, et l'on rira. Il y a plusieurs mois qu'on ne parle presque plus de vous. C'est un oubli, c'est une mort pour vous. Il faut vous ressusciter par quelque nouvelle absurdité. Pardonnez-moi le terme; oui par quelqu'absurdité bien piquante. Il me dit pour toute réponse : J'aime mieux boire.

A présent que je finis ce petit morceau sur mon ami M. Mercier, je réfléchis que ce que je raconte là n'est peut-être pas vrai; je crains que ce ne soit qu'un songe : en ce cas, je lui en fais mes excuses.

Cela me fournit pourtant l'occasion de lui faire un reproche plus sérieux au sujet de Descartes, envers lequel il s'est montré fort injuste.

Il a empéché qu'on ne rendit justice à ce grand homme, et qu'on n'accordât à

ses cendres les honneurs du Panthéon. Il
était digne d'un auteur distingué comme
M. Mercier, dont les ouvrages et le nom
sont répandus dans toute l'Europe, et jusques dans le nouveau monde, malgré les
injustes sarcasmes de ses détracteurs, de
profiter du poids qu'il devait avoir dans
la Convention, pour faire honorer, comme
on le devait, la mémoire de Descartes,
l'un des plus grands génies qui aient paru
dans l'univers, et qui fait à sa patrie un
si grand honneur, pour le venger de l'in-
justice d'une cour ignorante, et d'un
clergé plus ignorant encore, qui s'étaient
opposés jadis aux honneurs qu'on devait
lui rendre. Cette conduite eut été plus
glorieuse à M. Mercier, que d'abuser
du caractère de député de la nation, dont
il était revêtu, pour empêcher ses con-
frères de faire un acte glorieux et méritoire, auquel ils étaient disposés, et les
engager à se montrer, avec lui, encore
plus vandales que l'ancien régime. La
Convention se serait illustrée, ainsi que
lui, et, parmi tant de mauvaises choses
qu'on lui a fait faire, en aurait enfin pro-

duit une louable, qui aurait jeté un voile sur ses fautes. L'honneur de rendre enfin justice à Descartes est réservé sans doute à l'homme supérieur destiné pour réparer toutes nos turpitudes et guérir toutes nos blessures. Ah ! M. Mercier, vous qui paraissez avoir un peu la manie de la célébrité, vous avez manqué une belle occasion de vous signaler.

Avant de quitter le Salon, je me rappelle que je n'ai pas parlé d'abord des miniatures : la raison en est que je n'ai pu les voir dans cette première visite, parce qu'il faut pouvoir en approcher, ce qu'on ne peut obtenir qu'à la longue. Je n'ai point parlé non plus des gravures. Ce bel art se soutient encore sur un pied très-honnête : on loue la richesse et le moëlleux des tailles ; mais on craint que le dessin n'y perde, et sur-tout l'expression. Ces tailles sont la partie mécanique du métier, mais l'expression en est l'ame.

Si nos peintres croient valoir mieux que leurs devanciers, nos graveurs croient valoir au moins les peintres. Il y en a même quelques-uns qui témoignent esti-

mer si peu la peinture chez nous, qu'ils
ne reconnaissent pas d'école française.
J'ose reconnaître que cette école est très-
réelle : on commence même à en distinguer plus d'une en France, comme en
Italie. On parle déjà de l'école normande,
au moins en Normandie. Il y a un certain
nombre d'années, Rouen possédait un
artiste fort estimable, nommé Descamps,
peintre flamand, qui établit dans cette
ville une école de dessin, d'où il est sorti
un nombre considérable d'artistes, qui
ont figuré parmi ceux de la plus haute
classe. Le fondateur et directeur de cette
école était de l'académie royale de peinture. On a un peu gravé d'après lui. Il
dessinait supérieurement : il donnait aussi
des leçons d'architecture. Il possédait émi-
nemment enfin l'art d'enseigner ; il a de
plus écrit la vie des peintres flamands.
C'était d'ailleurs un homme aussi estimable
pour son caractère que pour ses talens.
Il établit d'abord son école sur une porte
de la ville où le fameux Le Cat, l'un des
plus grands médecins, chirurgiens et phy-
siciens de France avait pareillement ins-

tallé son école d'anatomie. Dans le même local, on disséquait les morts, et l'on se contentait de dessiner les vivans. Rouen, qui a produit un nombre considérable de grands hommes en tous genres, se glorifiait de posséder ces deux là; mais ils n'étaient que ses enfans adoptifs : ils ne lui devaient point leur naissance. Cette ville possède à présent un Muséum, orné des bustes, des portraits et des tableaux des maîtres sortis de son sein. Ce Muséum est très-riche; il figurerait bien même à Paris, et il doit toute sa parure à des Normands; de sorte que la province, ou du moins sa capitale, peut adopter et s'appliquer ce vers du grand Corneille, le plus étonnant de ses enfans :

Je ne dois qu'à moi seul toute ma renommée.

Je n'ai pas fini tout ce qui regarde les graveurs. Ils doivent reconnaître que, quelque soit leur mérite, ils ne sont que des copistes : l'invention et la composition sont deux grandes parties, qu'on n'exige pas d'eux. Et le coloris ! quelle partie admirable ! quelle magie ! quel mérite rarement accordé même aux plus grands mai-

tres! Ah! les graveurs sont bien heureux
d'être dispensés d'avoir une partie si supérieure.

Je pense de nouveau aux naïvetés du
rustre dont j'ai parlé, qui demandait pourquoi les personnages peints ne se déta-
chaient pas de la toile. Je réfléchis, à ce
sujet, que j'ai quelquefois vu, dans quelques tableaux, quelques parties qui paraissent vraiment se détacher du fond,
de manière à tromper l'œil. Cela est très-
rare; et si l'on voyait toute la scène d'un
tableau produire cet effet, ce serait le
comble de l'art.

Je ne parle point de l'architecture : cela
exigerait un article à part. Ce bel art est
chez nous dans son brillant. L'Empereur
fait bâtir de tous les côtés. Les colonnes,
les fontaines, les palais, s'élèvent de
toutes parts, et notre Paris va devenir,
par ses nombreux monumens, la plus belle
école de l'art de Vitruve, aussi bien que
des autres arts ; car, possédant à présent
chez lui, par ses conquêtes, les plus
beaux tableaux et les plus belles statues
de l'Italie, notre César peut dire :

Rome n'est plus dans Rome, elle est toute où je suis.

Avant de sortir entièrement du Louvre,
je dois dire encore une chose. Ce n'est
plus des nouvelles peintures que je parle,
c'est des anciennes. Il y a, dans le Muséum, un portrait qu'on baptise du nom
de Léon X. Il représente un pape âgé au
moins de soixante-dix ans. Léon X est
mort à quarante-quatre ans. Je demande
si ce peut être là son portrait. On dit dans
l'explication des tableaux gravés de cette
grande collection, que ce morceau est
tiré de Naples, où il était à *Capo di Monte.*
J'ai vu à Naples, dans le lieu cité, le vrai
portrait de Léon X, peint par Raphaël,
très-supérieurement. Il était représenté à
l'âge de quarante-deux à quarante-trois
ans, avec un œil riant et une barbe d'en-
viron trois semaines, comme on la portait
alors à Florence, ce qui blesse un peu
notre vue, et ce qui paraissait si bien
fait, que je fus presque tenté d'être cho-
qué en voyant le contraste d'un très-beau
costume de pape, avec une barbe de
porte-faix. Le tableau de notre Muséum
peut être le portrait du méchant pape
Borgia ou Alexandre VI : Raphaël peut
l'avoir fait à dix-huit ans.

J'ai tout dit enfin , et je n'ai peut-être
pas dit grand' chose. Je sors , et je me
retire chez un honnête poète, et j'y trouve
un éloge rimé de M. David , que j'ajoute
ici. J'ai commencé par des vers , et je finis
de même. J'écris du Palais-Royal , où je
suis retourné , et où j'ai raconté à mes
gobes-mouches tout ce que j'avais vu.

VERS

A MONSIEUR DAVID,

Sur son Tableau du Couronnement.

Premier peintre du siècle, ô David que j'admire ;
Quand notre grand César sous tes touches respire ;
Tu donnes en ce jour, aux serpens envieux,
Une lime nouvelle à mordre sous nos yeux.
Je n'ai point vu le sacre à notre cathédrale ;
Mais je le vois au Louvre, et la pompe est égale ;
Et tu le rends si bien, qu'on dit tout enchanté,
En voyant ta copie : Ah ! c'est la vérité.
Je n'aurais pu le voir qu'une fois en nature ;
Je le verrai cent fois dans ta docte peinture ;

Et nos neveux un jour, possédant ce trésor,
Non moins heureux que nous, t'applaudiront encor.
En peignant le grand homme, ô quelle est ta féerie ?
Et jusqu'où ne va pas notre humaine industrie !
Dans l'immortalité, qu'il doit à ses hauts faits,
Tu fixes sous nos yeux sa personne et ses traits ;
Et ta main, par cette œuvre à jamais méritoire,
A celle du héros sait enchaîner ta gloire.
Le grand Napoléon paraît dans le saint lieu,
Et passe à sa moitié ce qu'il reçut de Dieu.
Tu retiens par ton art la scène passagère,
Tous les grands décorés, la cour et le saint-père ;
Le couple impérial, et les jeunes objets
Que joignent au héros le sang et ses bienfaits.
On voit dans ton chef-d'œuvre au moins cent person-
        nages ;
Moi, j'en vois plus encor, et leur rends mes hommages.
Oui, je vois, dans un seul, tous les plus fameux rois
Dont l'histoire et la fable ont tracé les exploits.
Je ne détaille point tous leurs noms qu'il efface,
Sur l'horizon de gloire où sa vertu le place :
Tous sont fondus dans lui, tous sont évanouis ;
Depuis le grand Cyrus jusques au grand Louis.

J'ai vu jadis offrir, par un moderne Apelle,
Un cadre ingénieux que le tien me rappelle,
Où toutes les vertus, d'un cercle gracieux
Ornaient, en souriant, le pur azur des cieux.
Devant cette peinture était une lunette,
D'une combinaison singulière et secrète,
Qui, dans tout le tableau, cueillant de toutes parts,
Composait un seul tout de vingt membres épars.

On lorgnait au travers, soudain ces personnages ;
Ces vertus s'éclipsant comme de vains nuages,
Du roi seul, noble et calme, on voyait le portrait ;
De ces divinités habilement extrait.
Adopte cette idée, élégante et fleurie ;
Et tu rendras réel ce qui fut flatterie ;
Peins de tous les grands rois un cercle lumineux ;
Et que Napoléon reste seul après eux.
Mais, parmi ces héros de trop courte durée,
Si leur fin quelquefois parut prématurée,
Notre Empereur, d'eux tous le brillant résultat,
Aura le plus de jours, comme le plus d'éclat.
Il saura réunir, triomphant et tranquille,
Les ans du vieux Nestor à la gloire d'Achille,
Tromper, un siècle entier, l'attente du tombeau,
Et vivre, pour l'Empire, autant que ton tableau.

FIN DU PREMIER CAHIER.

De l'Imprimerie de RICHOMME, rue St.-Jacques,
N°. 67.

www.ingramcontent.com/pod-product-compliance
Lightning Source LLC
Chambersburg PA
CBHW071439220526
45469CB00004B/1591